Über dieses Buch Als Erich Fried 1958 zum ersten Mal in der Bundesrepublik seine Gedichte der Jahre 1946 bis 1957 veröffentlichte, fanden sie wenig Beachtung; der Durchbruch kam erst mit den »Warngedichten« 1963 und dem Band »und Vietnam und« 1966. Zehn Jahre nach dieser Erstveröffentlichung konfrontierte er seine frühen »versponnenen und unengagierten Gedichte« (Fried) der 50er Jahre mit »Gegengedichten«, die seine Entwicklung als Lyriker während der turbulenten und vom Protest bestimmten 60er Jahre belegen, und nannte diesen selbstkritischen Band »Befreiung von der Flucht«. Zwar knüpfen die »Gegengedichte« in Form und Inhalt an die frühen Gedichte an, doch sind sie für Fried nun – so schreibt er selbst im Nachwort 1968 – »Zeichen einer Befreiung von jener Flucht und Hoffnungslosigkeit, die in vielen der alten Verse den Ton angab, so daß sogar Auflehnung und Protest fast bis zur Unkenntlichkeit verschlüsselt waren«.
Die vorliegende Neuausgabe der »Gedichte und Gegengedichte« – erweitert um den 1968 fortgelassenen Zyklus »Die letzte Hand« – ist ein poetisches Zeitdokument, das die politischen Vorstellungen und das Weltverständnis der 50er Jahre den Auffassungen der engagierten 68er-Generation entgegenstellt. Das gemeinsame Thema: die Angst vor dem Krieg, der, scheinbar einer Naturgewalt gleich, immer wieder über die Menschen hereinbricht. Lyrik, geschrieben nach Auschwitz und Hiroshima und zur Zeit des Vietnamkrieges.

Der Autor Erich Fried, geboren 1921 in Wien, floh nach der Besetzung Österreichs 1938 nach England und lebt seitdem in London. War als Fabrikarbeiter, Milchchemiker, Bibliothekar und Redakteur bei der BBC tätig, seit 1968 freier Autor und Übersetzer. Außer dem Roman »Ein Soldat und ein Mädchen« (Fischer Taschenbuch Bd. 5432) publizierte er Gedichte und Essays, daneben machte er sich als Übersetzer einen Namen (u. a. Shakespeare, Dylan Thomas). Prix International des Editeurs 1977, Preis der Stadt Wien für Literatur 1980.
Im Fischer Taschenbuch Verlag erschien außerdem der Band »Warngedichte« (Bd. 2225).

Erich Fried

Befreiung von der Flucht

Gedichte
und
Gegengedichte

Fischer
Taschenbuch
Verlag

Ungekürzte Ausgabe
Veröffentlicht im Fischer Taschenbuch Verlag GmbH,
Frankfurt am Main, Dezember 1984
Lizenzausgabe mit freundlicher Genehmigung
der Claassen Verlag GmbH, Düsseldorf

Umschlaggestaltung: Jan Buchholz/Reni Hinsch
Gesamtherstellung: Clausen & Bosse, Leck
Printed in Germany
680-ISBN 3-596-25864-2

Inhalt

Die Gegengedichte
sind durch Kursivschrift kenntlich gemacht.

Schatten

Schöpfungen 11
Traum im Traum 12
Erwachen im Erwachen 13
Sirenen 14
Odysseus 15
Liebesmahl 16
Die Sittenhüter 17
Mexikanisches Regenopfer. 18
Es geht weiter. 19
In der Sonne 20
Großer Fortschritt 21
Steinlied 22
Wiedergutmachung 23
Schöpfung 24
Ausschöpfung. 25

Mond

Rückkehr. 29
Märchenende. 30
Der Lebende 31
Botschaft 32
Mondbann 33
Entzauberung 35
Landstreicher. 36
Drachentöter Kain 37

Befreiung von der Flucht 39
Siege 40
Niederlage 41
Verwandlung 42
Rückblick 43
Vor dem Tor 44

Bild aus Ton

Logos 47
Wortspiel 48
Adam 49
Ägypten 50
Bibelfest 51
Abraham wider Isaak 52
Empedokles 53
Traum vom Tod 54
Taglied 55
Der Tag 56

Das fallende Jahr

Kirschweihe 59
Reiterlos 60
Herbstlandschaft 61
Herbstlied 62
Weihnachtslied 63

Fische

Brüderlein und Schwesterlein 67
panta rhei 68
Klage 69
Bruder Fisch 70
Teichklatsch 71

Im Wald

Floret silva undique 75
Der Kluge 76
Auf halbem Weg 77
Capriccio 78
Rauschen 79
Leben 80
Steinernes Auge 81
Zur Tränke 82
Im Wald 83
Bitte 84

Spur des Krieges

Markttag 87
Heimweh 88
Im Hofe der Hoffnung 90
Spruch 91
Utopia 92
Pax Americana 93
Herbula 94
Die nicht mehr welken 95
Die Maßnahmen 96
Der Besinnliche 97
Nachher 98
Oder weiterleben 99

In der Liebe

Ich bin zu groß geworden 103
Heimkehr 104
Bett im Herbst 105
Später 106
In der Liebe 107
Fiesta de Toros 108
Wer weiß etwas von Einem 110
Am Brunnen 111

Lob des Unglücks 112
Nachtlied 113
Pause 114
Hans im Unglück. 116
Die letzte Hand. 117
Mutter in Vietnam 126

Nachwort zur Erstausgabe von 1958. 139
Erklärung zur erweiterten Neuauflage von 1968 140
Nachwort zur erweiterten Neuauflage von 1983 142

Schatten

Schöpfungen

Jeden Tag
schaffen sie bessere Welten:
Kinder mit Schiffen statt Augen
Frauen mit Fingern statt Zähnen

Jede Nacht
beißen die Frauenfinger
tief in die Apfelschiffe:
dann steigt das salzige Wasser

Traum im Traum

Meine Haare und Augen und Hände
sind Unkraut und Sand
und Krallen

Nun bin ich der
vor dem mir
als Kind schon bang war

Nun will ich still sein
und träumen
daß ich träume

Nun will ich singen
und träumen
daß ich erwache

Erwachen im Erwachen

Seit ich erwachsen bin
ist auch anderen
bang vor mir

vor meinen Träumen
und mehr noch
vor meinem Erwachen

Welche Lieder
hab ich gesungen
mich einzuschläfern?

Was tun meine Hände
Wer weckt mich?
zu welchem Geschäft?

Sirenen

Aus dem Haar ihres Unglücks
knüpfen sie große Netze
Sie singen gegen die Angst
und ihr Lied holt die Tapfern
in ihre offene Nähe
der keiner entrinnt

Die sterben müssen
dürfen an ihnen sterben
Die unstet sind
müssen sie überlisten
Die ihnen fluchen
haben sie nie gehört
Die sie gehört haben
hören nicht auf sie zu hören

Odysseus

Nicht sterben wollen
sondern so leben dürfen
ohne zu taumeln
hörend
aber nicht hörig

Mit ihrem Lied in den Ohren
sie dennoch vernichten
und sie erlösen
von ihrem eigenen Übel
schuldiger

Liebesmahl

Wenn Kinder geschlachtet werden
dann freuen sich alle.
Die Alten bringen das Salz
und die Jungen würzige Kräuter

Wenn Kinder zerschnitten werden
dann sprechen die Alten
die weisen festlichen Sprüche
dann tanzen die Jungen

Wenn Kinder gegessen werden
dann singen die Alten von Liebe.
Im großen Zelthaus
zeugen die Jungen Kinder

Die Sittenhüter

Wer die alten Bräuche
nicht ehrt
der ist ein Verräter
der will uns
die Schönheit rauben
den Schmelz des Lebens

Der will uns knechten
zum Dienst
an fremden Gedanken
Dem zeigen wir
wer wir sind
nach altem Brauch

Mexikanisches Regenopfer

Unsere Augen müssen
dürr sein wie unsere Felder

Die Kinder müssen weinen
dann wird es regnen

Je mehr sie weinen
desto mehr wird es regnen

Ins rissige Feld fällt der Regen
auf die zerrissenen Kinder

Nicht uns zuliebe
nicht weil das Opfer ihn freut

Nur weil geweint sein muß
um unsere Kinder

Es geht weiter

> *»Räumt doch endlich die Rumpelkammer aus!« rief er.*
> *»Wir versinken ja im Schmutz!«*
> *(Kafka, Der Prozeß)*

Die Kinder schreien noch immer
Wir werfen die Tür zu

Die Opferpriester
singen uns alte Lieder

Auf daß wir leben
müssen die Kinder sterben

irgendwo fern
in Bolivien und in Guatemala

in Jordanien und in Vietnam
Zwar glauben wir nicht an das Opfer

doch wir verhindern es nicht
solange wir hoffen

nicht weinen zu müssen
um unsere eigenen Kinder

In der Sonne

Der blinde Mann
wohnt in der unteren Höhle
dem wunden Geier
hat er den Flügel geheilt

Seine Kinder bauen
den Ameisen eine Brücke
graben dem Bach eine Rinne
mit braunem Fuß

Der Fremde war freundlich
nun spielen sie mit den Knochen
sein Kopf wird grün gebeizt
Er war von anderem Stamm

Großer Fortschritt

Sie sind nicht mehr wild
sie ehren den Sohn des Fremden
der darf tun was er will
weil er von anderem Stamm ist

Wer zu ihm spricht
als wäre er seinesgleichen
den beizt man mit Schlägen
dem reißt man die Augen aus

Der Sohn des Fremden
soll kein Fremder sein unter ihnen
Sie grüßen ihn schon von weitem
sie staunen ihn an

Sie tanzen den Reigen um ihn
mit braunen Füßen:
Wen sollen wir schlachten für dich
auf dem Stein wo dein Vater starb?

Steinlied

Der Vogel hat Hunger
Der Vogel der alles frißt
nimmt einen Stein in den Schnabel
und fliegt auf den Ast

Im Astwerk Stimmen
Nie sang der Vogel so schön
Er hält im stummen
Schnabel den sterbenden Stein

Und der Stein
singt vom Hunger des Vogels
von den Kieseln im Bach
und von den Felsen der Welt

Wiedergutmachung

Die Kinder des Vogels
singen von ihrer Trauer
um einen singenden Stein
Sie wissen sonst nichts von Steinen

Ihre Stimmen sind schrill
Sie sehnen sich nach Steinen
sie wollen sie kennenlernen
sie singen sich hungrig

Sie flattern kreischend
zum Bett des versiegten Baches
Sie finden die weißen Kiesel
sie nehmen die Schnäbel voll

Schöpfung

In dunkler Höhle tappt ein Blinder ins Leere
Verhungernd frierend baut er die Erde auf:

Aus Kot und Harn Länder Flüsse und Meere
aus dampfendem Keuchen die Wolken und Winde der Welt

Aus alten Algen blondes Haar eines Mädchens
aus Spinnenfäden Strahlen von jungem Licht

Aus tropfenden Steinen Bäume mit reifen Früchten
den Sonnenball aus rundgeriebenem Eis.

Bald scheint sein Licht auf den Garten voll fallender Früchte
betaut von Wolken umspielt von den Winden der Welt

Bald duftet die Erde umspült von unendlicher Salzflut
bald fließt die Sonne im vollen gestrählten Haar.

In blendender Helle verhüllt ein Seher sein Auge:
»Alles ist gut. In Fülle fahr ich dahin!«

Ausschöpfung

»In Fülle fuhr er dahin
drum sollt ihr nicht klagen

Alles ist gut«
Noch duftet das Meer und die Erde

umspielt von den Winden
betaut von fallenden Wolken

Bald werden die reifen Früchte
zu tropfenden Steinen

die Strahlen zu Spinnenfäden
die blonden Haare

des Mädchens zu alten Algen
die Wolken und Winde

der Welt zu dampfendem Keuchen
die Flüsse und Meere

zu Kot und Harn –
und die Seher enthüllen ihr Auge

und reißen die Erde ab
auf der ihr erfriert und verhungert.

In leerer Augenhöhle
ertappt ihr sie nie mehr

die euch führten ins Dunkel
die euch blind machten in der Welt

Mond

Rückkehr

Mein zahmer Vogel
ist zu den Sternen geflogen
er brachte ein weißes Korn
das gab ich dem Wind
nun blüht die Krone
von Morgen bis Mitternacht
es regnet Blut:
die blasse Saat wird leben

Was der Wind gesät hat
erntet sein Bruder der Sturm
was der Sturm geerntet hat
trinkt seine Schwester die See
Vom Rande der Wolken
tauchen die Sterne nach Perlen:
Bald wird die Krone
wieder im Himmel sein

Märchenende

Als er zerfleischt war
zu halber Höhe des Berges
rollte sein Kopf sich rund
den Kindern zum Ball.
Sein Herz flog auf
und sang im Baum mit den Meisen
auf der Wiese grünte sein Haar
und wehte im Wind

In seinem Blut
fingen die Fische Fische
seine Knochen
machten die Sterne weiß.
Nur die Vögel der Nacht
zum Mahle geladen
fanden die Stelle leer
und flogen hungrig davon

Der Lebende

Wer nicht zerfleischt wird
dem rollt sich der Kopf nicht rund
Er selbst muß ihn tragen
kantig zu jedem Gedanken

Er lebt kein Märchen
er stirbt für keine Legende
Sein Haar wird grau
in den Sorgen der wirklichen Welt

Die Fische fangen wollen
in seinem Blut
fängt er mit ihren
eigenen Angelschnüren

und er glaubt nicht daran
daß nachts einer Vögel einlädt
die ein Recht haben auf sein Fleisch
weil sie hungrig sind

Botschaft

Taut auf der Stirn dein Tod
tu deinem Kind dich kund
nimm einen Mond in den Mund
steig durch das Beet ins Boot

Hüllt Charons Bart an Bord
sacht dein Gesicht
fürcht vor der Nacht dich nicht
wart auf kein Sterbenswort

Mondbann

Offenstehn kann ein Tor
eine Wiege der Wege
kein Tor durchschreitet sich selbst
der Weise geht seinen Weg

Der die Sonne mit Namen nennt
bei dessen Gesang
der Mond die Hörner hebt
von der Tränke des Abends

Der teilt mit der Sichel sein Lager:
von Mondmilch fließt
das Land seiner Lenden
bis die Sonne über ihm summt

Was droht sie gelb
die heiße dröhnende Drohne?
sie erstarrt in den kalten drei Falten
des weißen Gewandes

Zieh hin meine weiße Geliebte!
in hohem Bogen
wirf den goldenen Ball
zu den Äpfeln des Abends

Und vergiß deinen Dichter nicht
denn sein Leib ist dein Leben
seine Liebe ist deine Labe
sein Gedächtnis ist dein Gedicht

Das den Kopf im Wurfball erkennt
und das Ei im Apfel

das ehrt die Eule im Ei
die weiße Frau in der Eule

Das ergreift den Greif im Nest
und lehrt die Sirenen dein Lied
zu deinem dreifachen Fest
pflücken sie Glied von Glied

Die Köpfe sind Bälle geworden
die Bälle sind Äpfel geworden
liebt der Sumpf meine Lenden
so bind ich mein Haar an den Mond

Zieht mich hinauf in die Nacht
daß ich hange an meiner Geliebten!
Tau fällt
Morgen seht ihr mich nicht

Entzauberung

Mondweisheit hab ich gesucht
Nun kommt eine Wolke
Wer hat sie gemacht? Was will sie?
Der Mond ist verschwunden

Mondweisheit rettet mich nicht
Mondweisheit rettet mein Kind nicht
Wer mit Köpfen wirft
verwirft was die Köpfe denken

Unter den Wolken
und in den kalten Nächten
suche ich andere Weisheit
die anders verwandelt

die ankämpft gegen die Kälte
und gegen die giftigen Wolken.
Die Kinder meiner Kinder
besingen dann wieder den Mond

Landstreicher

Im Gasthaus Zum Bruder Abel
da war ein Schenkmädel schön
das nahm der Wirt mir übel
er hieß mich zahlen und gehn

Eine Sonne als goldenen Taler
zwei Monde als Silber dazu
die warf ich dem Wirt auf den Teller
und wünschte ihm gute Ruh

Der Wirt genoß nicht sein Eigen
die Sonne verbrannte sein Haus
das Mädel mit mondenen Augen
lief in die Nacht hinaus

Drachentöter Kain

Sterbend hat der Wurm mich Bruder genannt
und hat zum Nachtwind gesagt:
Mein Sohn ist sein eigener Vater.
Ich frage den Apfel
hat mich wirklich mein Bruder geboren?
ich frage meine Ferse
sie kennt nur den Biß
nicht den Schoß

Ich suche den Mond
er kriecht blutend in seine Höhle
ich suche das Meer
es umflutet den wunden Fuß
das Blut ist ein Brunnen geworden
der tränkt nicht den Durst
das Feld ist ein Fels geworden
der nährt nicht den Hunger

Ich nehme den Wurm in die Arme
Panzer an Panzer
Schuppenhaut
scheuert mein Schuppenhemd blank
im weißen Widerschein
des Schädelaltares
spiegelt das Blut mich
und zeigt mir seine Gestalt

Der Wurm ist im Blut ertrunken
der Mond im Brunnen
mein Krummschwert fragt nicht
seine Wunde gibt keine Antwort
der halbe Apfel ist Gift
das Wasser ist salzig

mein weißer Vogel
liegt schwarz auf dem roten Grund

Ich löse den Knoten
aus Mondschein und Drachenhaaren
mein Panzer wirft Blitze
und meine Ferse brennt
der Apfel wird schwarz
mein Auge dunkelt von Tränen
blindlings flücht ich
und kehre im Bogen zurück

Befreiung von der Flucht

Wenn ich blindlings
den Bogen schlage
und immer wieder zurück
nur dorthin kehre
wo ich den Drachen erschlug
ist es einerlei ob er mich
besiegt hat oder ich ihn
Die stetige Bahn der Flucht
macht den Sieg sinnlos

Kein Wurm weissagt
daß ich den Knoten zerhaue
daß ich unstet sein lerne
und flüchtig zum Besseren hin
daß ich ausbreche aus der Bahn
als Täter trockenen Auges
weinend als Sieger
doch auch wenn der Mond sich verkriecht
nie mehr blindlings

Siege

Zu Gast sein
auf der Hochzeit von Hengst und Schlange
Freund des Vergessens
und der Erinnerung

Verzeihen dem Krieg
der kniet im Staub aller Wege
singen ein Lied mit dem Tod
am Ufer der Nacht

Auf der Höhe des Berges stehn
und den Mond berühren
die Arme breiten
und schweben den Hang hinab

Werfen den Stein
flach vor der keuchenden Qual
ihm jagt sie nach und läßt
ab von den Leibern der Menschen

Und Richter sein
zwischen Löwen und Drachen
teilen die Luft
zwischen Adler und Fledermaus

Und die Spinne nicht stören
die Ameise nicht zertreten
und das Echo der Felswände hören
ohne Ruf

Niederlage

Wo kniet der Krieg?
Wo wartet er noch auf Verzeihung
voll Demut im Staub aller Wege?
Die Wirklichkeit

tritt das Märchen mit Hufen
die Lüge sattelt die Sehnsucht
und reitet sie wieder zu Markte
und wieder zu Schanden

Hochzeit
von Hengst und Schlange
was war das?
Der Traum hört auf

und im Albwachen sehe ich:
der Nachkrieg
ist wieder
Vorkrieg

Verwandlung

Schlange zu Ziegenhorn
Füllhorn zu halbem Apfel
Apfel zu Löwenkopf
Löwe zu rötlichem Stier

Ochse zu Greisenhaupt
nickend im sinkenden Boot
Bug zur krummen Sichel
die mäht das Dunkel

Rückblick

Als Menschen starben
sprach ich
von Ameisen
Spinnen und Schlangen

Wie groß
muß meine Verzweiflung
gewesen sein?

Jetzt spreche ich
wieder
gegen den Tod
von Menschen

Ist meine Verzweiflung
größer
oder geringer?

Vor dem Tor

Die Sonne von gestern
ist über die Brücke gegangen
nun rollt sie mit den zwei Kinderköpfen am Grund
der Mond macht den Mund auf
das Rufen im Garten verhallt
leiser
und leiser

Ich habe mich heiser geschrien:
Nicht über die Brücke!
ich habe versucht zu sagen:
das sind keine Bälle!
ich habe das Gestern retten wollen
nun ist es
vorübergegangen

Weil sie hinüberverlangen
zum Baum
dort redet das Laub –
drei lachende Kugeln sengen die Esche zu Asche
Idun und Eden darf keiner von Äpfeln reden
Wo brennt das Schwert?
Wo wohnen die Augen der Kinder?

Bild aus Ton

Logos

Das Wort ist mein Schwert
und das Wort beschwert mich

Das Wort ist mein Schild
und das Wort schilt mich

Das Wort ist fest
und das Wort ist lose

Das Wort ist mein Fest
und das Wort ist mein Los

Wortspiel

Bei oder Über
Ich überlege beides:

Überfließen
und über die Augen fahren
über das Meer fahren
und vielleicht überstehen

Bei ist Beinahe
ist Beilegen alter Sachen
der Beistand bei Tage
das Beisammenliegen bei Nacht

Ich überlege beides
die Wahl steht mir frei:
Sag ich Vorüber
oder sag ich Vorbei?

Adam

Bild aus Ton
Atem eingetan
zu tönendem Tun
und wieder gelähmt
zu Lehm

Ägypten

Sie haben die wüsten Soldaten ausgesandt
in den Wüstensand
Kein Bote

Und Pharao fuhr
und verrohte Rotten noch mehr
ins Rote Meer

Wer schafft die Sklaven her?
Keine Botschaft
kein Boot

Im Sandmeer
im Meersund
sind meine Söhne tot

Bibelfest

Seit Moses
gilt es als gut
daß Ägypter
sterben

Ihr Tod
soll gerechte
Strafe
der Krieg gegen sie

soll anders
sein
als alle
anderen Kriege

Das alte
Buch
wird ein Freibrief
für neue Taten

Ins Wasser
und in den Sand
wird die Lüge
geschrieben

mit der blutigen
Wahrheit
die verdurstet
oder verbrennt

Abraham wider Isaak

Bilder wollen verfließen
Wollefäden im Vlies.
Fehden Blutvergießen
Vergiß. Vergieß!

Lied der geschlossenen Lider
Wasser mit Blut vertauscht
Öffne die Augen wieder:
Der Widder rauscht

Rauscht verwirkt in dem Strauche
strauchelt und knickt ins Knie.
Verwirrt stehst du im Rauche
wirklich verstehst du nie.

Bilder wolln sich verweben
Wolle im Vlies.
Als der Traum dich verließ
sahst deinen Sohn du leben

Empedokles

I. Besinnung

Soll ich mich nun versenken
ich meine Erhebung?
Ein Berg verfiele so
dem eigenen Krater

Empedokles gebrannt an der Glut seines Innern
uralter Scherben Ton aus dem Feuerofen
ausgeworfene Schuhe
denn hier ist heiliger Abgrund

II. Figur

Krater: Mischkrug des Mannes mit seinen Flammen
aus Stahl und Stein
aus Fleisch und Schwefel gebraut
in leuchtendem Tod

Deine Pinie wächst
aus ungegrabenem Grab:
Braut aus Rauch
ständige Auferstehung

Traum vom Tod

Traum aus der Nacht
Traum aus der Nacht vor dem Tod
Traum aus der Nacht vor dem Tod einer Welt
einer Welt aus Angst vor dem Traum

Angst
Angst vor dem Traum
Angst einer Welt vor dem Traum
Angst einer Welt vor dem Traum vom Tod
vor dem Traum vom Tod aus der Nacht

Taglied

Vogel
Vogel im Wind
Vogellieder im Wind
Vogellieder im Wind nach der weinenden Nacht
Lieder im Wind nach der weinenden Nacht
Wind nach der Nacht
Wind
Weinen macht blind

Der Tag

Uhrturm des tiefsten Schlages
Urständ' der Ohren
Ohrsturm des Jüngsten Tages
ohrwurmgeboren

In die Trompete im Ohr
stoßen die Cherubim.
Wo sich der Urwurm verlor
thronen die Elohim

Wo sich der Urturm verlor
schweigt das Gebabel der Welt
es ragt Kainer empor
wo Abel fällt

Das fallende Jahr

Kirschweihe

Kirsche
du Kirche am Turm
mit dem Wurm
im Herzen:
Herzkirsche
kämpfend
im Frühlingssturm
und versiegend
noch vor dem Herbsten

Liegend
im gräsernen Grale
im Munde
der Kinder gut
munter
beim Abendmahle:
aus Furcht
wird Fruchtfleisch
und Blut

Glänzende Schale
aus blasser und dunkler Glut
Kleinod
an kleinen Ohren
von reinen Toren:
nichts geht im Nippen
nichts im Genuß verloren
weil der Schöpfer
im Unerschöpflichen ruht

Reiterlos

Reiten die Küsse vorüber auf Pferden des Herzens
herzhafte Rosse tragen die Schützen der Lippen
schön geschwungen die Bogen ... und Pfeile züngeln ...
Reiter ... Bereite ... Wer schützt die entzündeten Mädchen?

Sind doch den Rossen und zügellosen Gespannen
Stricke gespannt und staubige Netze gesponnen:
Spinnengespenster hocken in Hecken und Spanischen Reitern
spähen nach Herzblut

Reiten auf Fädengespinst im Wind als Altweiberhexen
quer durch den späten Sommer und fangen die Rosen
fangen die Rosse der Sonne in klebrigen Schlingen ... und schnaubend
fällt mein Pferd

Herbstlandschaft

Lila die Wiese zur Herbstzeit, lose das Laub
Weit ist alles, und wenn der Wandrer verweilt
wird er eingeweiht in die Weise des Waldes
ins Weidwerk
in des ausgeweideten Wildes Zeichen und Spur

Herz im Herbst: ins Zeitlose steigt die Weissagung
wenn aus den Eingeweiden der Landschaft der Herbstrauch
weht über fette Weiden
und hängt in den Weiden am Teich
weich ist alles, weit ist alles, geweiht ist alles

Geweiht sind die Weiden und Weiden
geweiht ist der Weiher
und das Geweih des Rehs aus dem bunten Wald
geweiht sind die weiten Kreise der Gabelweihe
der Hauch auf dem letzten Wein am leuchtenden Südhang

Und geweiht ist das Weinen am Wasser unter den Weiden
an denen das herbstliche Lied hängt
das Auge sich weidet
das sich verengt hat im Weinen und sich nun weitet
über das Land: über Wasser und Wald und Weinhang

An allem hängt es:
geweiht ist alles
alt alles
weise
und weit

Herbstlied

Die Schwalben zogen dahin
Nun ziehen die Soldaten.
Winter und Krieg
wachsen am gleichen Tod

Gebt Feuer das nicht verzehrt
gebt Zeichen und Wunder:
Schlange zu Stab
Stab zu blühendem Zweig

Dummheit und Stolz
schwanken in gleichen Schalen.
Wer wird bezahlen?
Die Schwalben zogen dahin

Weihnachtslied

Eine Streu von Stroh
Eine Wand von Wind
Eine Woge als Wiege
Ein Kind

Ein Schwamm voll Essig
Eine Kammer voll Gas
Eine Waage am Wege
Eine Grube im Gras

Eine Gasse voll Dirnen
Eine Gosse voll Wut
Eine Stirne voll Dornen
Eine Mutter voll Blut

Eine Streu von Stroh
Eine Wand von Wind
Eine Woge als Wiege
Ein Kind

Fische

Brüderlein und Schwesterlein

Unter den Fischen und Grundmuscheln werde ich wohnen
auf einem schillernden Schneckenhaus werde ich thronen
kommt dann mein Bruder ans Ufer mich zu beklagen
will ich die Fische ihm alle entgegenjagen

Werden die Fische ihm hungrig entgegenspringen
und seine Tränen und seine Rufe verschlingen
bringen mir später in meinen Schneckengrund
Schimmer vom Auge und Duft von des Bruders Mund

panta rhei

Auch die Ufermauer
ist der Fluß
das Haus auf dem Hügel ist nichts
als trübes Wasser

Am Fenster das Mädchen
ist eine von vielen Wellen
ihr Lachen gespiegeltes Licht
ihr Herz ist ein Fisch

Wirf dennoch deinen Ring:
auch hier sind Götter

Klage

Mein Glaube
ins Haar der Fische geflochten
Meine Liebe
ins Wasser der Wüste geschrieben
Meine Hoffnung
ans Ohr des Wunders gelegt

Fische nackt aus dem Wasser der Wüste
peitschen den Sand
an Angeln von Engeln.
Ohr des Wunders
umwunden von Haaren
wundgehört an der Fische Schreien

Bruder Fisch

Sprich zu den Fischen
sprich zu den Fischen im Meer
sprich zu den Fischen im Meer
vom Gold der versunkenen Flotten
weil du arm bist
sprich zu den Fischen vom Gold

Bitte die Fische
bitte die Fische im Teich
bitte die Fische im Teich um das Brot der Kinder
weil du hungrig bist
bitte die Fische um Brot

Höre die Fische
höre die satten Fische
höre die satten Fische im Teich und im Meer
singen vom Lachen der Kinder
und von der gespiegelten Sonne
von der Brandung der runden verbotenen Insel
weil du traurig bist
höre die Fische an

Teichklatsch

Was der Baum zum Fisch gesagt hat
wirst du erst erfahren
wenn der Fisch den Krebs gefragt hat
was der Biber angenagt hat
der vor vielen Jahren
als der Reiher sich beklagt hat
daß der Krebs zum Fisch gesagt hat:
»Räuber und Barbaren!«
alle Frösche fortgejagt hat
(was noch keiner sonst gewagt hat)
weil sie stets in Scharen
quakten daß ihm nicht behagt hat
was der Baum zum Fisch gesagt hat

Im Wald

Floret silva undique

Gut, daß sie nicht mehr hier reiten!
Der Hufschlug ihrer Pferde
war nur schlecht für die Erde.
Die Zeiten
sind nun vorbei.

Der Waldweg ist still und frei
und ich wende mich nicht mehr um.
Laut waren sie und dumm;
zwar lustig dabei,
aber ich geh lieber allein.

Denn mein Weg muß das doch noch sein?
Auch ohne ihr Galoppieren
will ich mich nicht verlieren
ins Gestrüpp hinein –
endlos von allen Seiten

Der Kluge

Er ging in den Wald
und man hörte ihn lange noch lachen
über die Märchengewalt
der Elfen und Drachen
denn er kannte die Zauberpflanzen
nach der Botanik Gesetzen
und er wußte daß Irrlichter tanzen
wenn im Grund sich Substanzen zersetzen

Der Wald nahm ihn auf
der Wind sang wie sonst in den Zweigen
der Bach nahm wie sonst seinen Lauf
der Rest war Zirpen und Schweigen

Wo er geblieben ist
mußt du ein Irrlicht fragen
das kann wenn es will
den Weg zum Drachen dir sagen
und bringst du drei Kräuter
so tragen dich Drachenflügel
zu seinem Kerker
unter dem Elfenhügel

Auf halbem Weg

Genug ich geh in den Wald
und achte nicht auf die Fallen
die sie stellten
so haben sie mich gefangen

Genug ich geh in den Wald
und achte nicht auf die alten
Lehren der Fallensteller
so haben sie mich gefangen

Solange der Wald ihr Wald ist
darf ich nicht glauben
daß Drachen nicht Drachen sind
und Hexen nicht hexen

Ich lerne ihre Regeln
um sie zu brechen
Nur wer den Drachen tötet
versteht was der Wald ihm singt

Capriccio

Der Zauberer
hat Wegrecht im Totenland
Goldrost und Kugelfreiheit
den Ring der Tiere

Nur sein Herz
fängt er nicht wieder ein
Manchmal im Wald
hüpft es vor ihm auf den Zweigen

Rauschen

Auf meinen Träumen
liegen die Tiere der Nacht
Sie knurren wenn ich sie streichle.
Nun will ich wieder ein Baum sein
dann ist mein Herz
außen nur
leicht in die Rinde gekerbt

Ein Baum am Waldrand
nahe dem kalten See
und nicht zu weit von dem Abgrund.
Die Sphinx geht verwitwet vorüber
liebkost vom Laub:
Fragerin
was gabst du dir selbst zur Antwort?

Leben

Wasser trägt mich
weil es mich einmal schon trug.
Dunkelheit schläfert mich ein:
ich schlief schon einmal im Dunkeln

Doch vor meiner ersten Nacht
Wellen von gelben Halmen
vor dem ersten Bad
das weiße Wasser im Tal!

Weiß und grün
die Wiese hinauf zum Wald
das Wasser hinunter zum Steg:
hier war ich schon ein Mal

Hier war ich schon viele Male
drum bin ich ruhig
drum scheint die Sonne:
heut wird es nicht mehr Abend

Steinernes Auge

Auge
steinernes Auge des Gottes
moosgrünes steinernes Auge
des Gottes im Wald

Moosgrünes Auge
im Wald des steinernen Gottes
steinernes Auge
des grünen Gottes im Moos

Zur Tränke

Der Baum hebt seine Wurzeln aus dem Grund
und geht zur Tränke
Langsam geht er zur Tränke
Dort lecken Tiere die Tränen

Der Baum geht zur Tränke
Der Blitz schlägt hinter ihm ein
An leerer Stelle
staunt mit der Axt ein Holzknecht

Der Baum geht zur Tränke
Er läßt seine toten Blätter
Seine Würmer kriechen ihm nach
und sterben am Weg

Der Baum kommt zur Tränke
Ihr Salz versteint ihm das Holz
Tiere lecken die Tränen
in seinem toten Schatten

Im Wald

Ob der Wald ein Märchen war
ob ich schon einmal dort war
ob der Baum seine Wurzeln
aus dem Grund hebt und trinken geht

ob mein Herz in die Rinde gekerbt ist
und ob es hüpft in den Zweigen
weiß ich das noch
liegt mir das noch am Herzen

wenn der Brand allen Wäldern droht
allen Kindern und Tieren
wenn aus der Luft
das Sprühgift die Blätter einrollt

daß die Bäume entlaubt sind
in ihrer grünen Zeit
daß die Jahresringe
nicht zählen und nicht die Vögel?

Der Wald war schon lange umringt
nur sah ich es nicht
im Grün auf dem stillen Weg
der nicht in die Stille geführt hat

Bitte

Komm wieder auf die Wiese
auf die du noch niemals kamst
und leg dich ins Gras
in dem du schon immer liegst
laß den Uferstaub durch die Finger rinnen wie Mehl:
Wieder ist nie Immer zum ersten Mal

Komm wieder über den Sand
der über dich weht
komm wieder über das Wasser
das dich bedeckt
still der noch Unbegegneten Trennungskummer:
Nie ist nun zum ersten Mal wieder Immer

Sag wieder daß du da bist
klopf wieder an
sing dein Vergessen
daß ich es lernen kann
Wein in die Augen zurück die Tränen mach neu:
Immer ist zum ersten Mal wieder Nie

Spur des Krieges

Markttag

Sie stellen sich an
vor den Tischen
wo Mitschuld verkauft wird
sie zahlen mit Blut
mit ihrem
und auch mit deinem

Ich wende mich ab
und seh
aus dem Augenwinkel
vorn in der Reihe
mich stehen
mit Messer und Krug

Heimweh

Auf dem Berg steht mein Haus
leicht zu sehn von der See
Seine Wände sind Wunden

Auf dem Berg steht mein Haus
auf dem Berg ohne Brunnen
ohne Trunk für den Durst
Seine Fenster sind Fieberaugen

Auf dem Berg steht mein Haus
eine Fahne im Land
aber dürr aber krank
Seine Fenster sind durstige Augen
Seine Treppen sind pochende Pulse

Auf dem Berg steht mein Haus
in der zornigen Sonne
Wenn der Wind Funken trägt
muß es verbrennen
Wenn der Wind Flocken trägt
muß es erfrieren
Eine kranke Fahne
ist mein Haus auf dem Berg

Auf dem Berg steht mein Haus
daß ich es sehe
Pochende Pulse sind seine Treppen
die ich nicht steige
Durstige Augen sind seine Fenster
die ich nicht öffne

Wenn der Wind Flocken trägt
fühl ich mich frieren

Wenn der Wind Funken trägt
fühl ich mich brennen
leicht zu sehn von der See
krank eine dürre Fahne
in meinem Haus auf dem Berg
wo ich nicht bin

Im Hofe der Hoffnung

Im Hofe der Hoffnung werden die Kinder gehalten:
Seht wie schön Vater Haß uns das Messer schleift
in herrliche Scheiben wird Er den Apfel spalten
der an dem Baum neben dem Holzblock reift

Im Hofe der Hoffnung kennen sie keine Sorgen:
Seht wie schön Mutter Erde die Grube gräbt
drin spielen wir mit Eimer und Kuchenform morgen
bis uns der Sand Hände und Kleider verklebt

Spruch

Ich bin der Sieg
mein Vater war der Krieg
der Friede ist mein lieber Sohn
der gleicht meinem Vater schon

Utopia

Die Kugel fliegt langsam
das Opfer hat Zeit zur Verwandlung:
Schützen kann es sich nicht
doch es fällt in des Schützen Gestalt

Das Herz sinkt aus der Hand
der Herbstwind trägt es
über das brache Feld
im Winter erst wird es zerbrechen

Einzig der Haß
Reiter der schlechtesten Mähre
stürzt über Märchenzeiten
ins fremde Ziel

Pax Americana

Jede Tat meint die Zukunft
Auch die Plage planlosen Planens
will das Künftige zünftig machen
die Vorsicht zur Aufsicht

Der Herzgärten Rasen –
und wessen Rechen hat Vorrecht?
Rasende Kämme
kämpfen mit herrlichem Haar

Aber wen entzückt der Bezug
von Mittel zu Trüben Mitteln
der die Farben fehlerhaft mengt
doch denkt sein Recht geht vor Faustrecht?

Der Städte Leichengeröll
wird es reichen zu seiner Rolle
die Bresche zu schließen
im aufgeschobenen Bau?

Herbula

Es ist ein Farn gewachsen
für die Würmer
und Mutterkorn im Korn
ist für die Wehen
es ist ein Kraut gewachsen
für die Menschen

Daß sie grün werden
wie Gras
und rot wie Rosen
weiß wie Schnee
und so schwarz
wie das Ebenholz

Denn sie bauen
dem Feind eine goldene Brücke
ein Haus für die Eulen
eine Stadt für die Flammen
und einen Turm
der bis an den Himmel reicht

Die nicht mehr welken

Den Toten von Hamburg

Die morgen kam
küsse ich gestern abend.
Im Herbst wird das Mädchen mich lieben
das brennende aus der Kriegsnacht
als winters am Feuer der Stadt
in den Gärten die Mandelbäume
blühten im Rauch.
Die werden nicht mehr welken

Die morgen kam
duftet nach Mandelblüten
und verbrennt
an meinen gestrigen Küssen
und verraucht
wie der Krieg in der Nacht
wie Mandelbäume in Gärten
die nicht mehr welken

Die Maßnahmen

Die Faulen werden geschlachtet
die Welt wird fleißig

Die Häßlichen werden geschlachtet
die Welt wird schön

Die Narren werden geschlachtet
die Welt wird weise

Die Kranken werden geschlachtet
die Welt wird gesund

Die Traurigen werden geschlachtet
die Welt wird lustig

Die Alten werden geschlachtet
die Welt wird jung

Die Feinde werden geschlachtet
die Welt wird freundlich

Die Bösen werden geschlachtet
die Welt wird gut

Der Besinnliche

Ich will nicht schlachten
drum wird weitergeschlachtet

Ich will nichts Böses tun
drum tu ich nichts Gutes

Ich will nicht mitmachen
drum mache ich nichts dagegen

Ich will von nichts wissen
drum ist meine Unwissenheit verwendbar

Ich will untätig sein
drum tut man mit mir was man will

Nachher

Dann kommen die Mädchen
aus den verbrannten Städten
in ihre Kleider
teilt sich der Wind mit den Hecken

Und manche nimmt einen Baum zum Liebsten
und manche ein Tier
sonderbare
Geburten werden geschlachtet

Da und dort noch
ein Fähnlein lachender Männer
mitleidig nehmen die Wölfe
sie in ihr Rudel

Denn die allein bleiben
werden zu Tode gejagt
oder im Winterschlaf
von Weibern erschlagen

Und grün wird alles
rund um die Knochen und Steine
die Wälder reichen
wieder hinab zum Meer

Oder weiterleben

Vielleicht ist das alles anders:
Sie bleiben hocken
mit geschmolzenen Augäpfeln
in den Resten der Städte

und vergessen was Liebe ist
und scharren nach Fraß
unter den Vorräten
der verfaulenden Leichen

Nicht Wölfe
nicht grüne Wälder hinab zum Meer
keine Fähnlein und keine Jagd
nur ihr Kratzen und Stochern

Nur Knabbern an Knochen und Leder
in den kürzerwerdenden Pausen
von Schlaf zu Schlaf
und nirgends das alte Land

In der Liebe

Ich bin zu groß geworden

Ich bin zu groß geworden
für die kleine Liebe
ich bin zu klein geworden
für die große Liebe
und zu müde
um die Augen offen zu halten
und zu unruhig
für den Schlaf

Ich bin zu groß geworden
um die Augen offen zu halten
und zu müde
für die große Liebe
und zu unruhig
für die kleine Liebe
ich bin zu klein geworden
für den Schlaf

Ich bin zu groß geworden
ich bin zu klein geworden
für die große Liebe
für die kleine Liebe
und zu unruhig
und zu müde
um die Augen offen zu halten
für den Schlaf

Heimkehr

Was hast du gesehen?
Einen König auf einer Heide
in einem Sturm

Was hast du gesehen?
Ein Kind im Brunnen
die Mutter beim Tanz

Was hast du noch gesehen?
Leiber
gemästet vom Hunger

Was hast du noch gesehen?
Eine Wolke
auf einer Stadt

Wer war mächtig?
Der König war mächtig vor Ohnmacht
Das Kind im Brunnen war mächtig in seiner Mutter
Der Tanz war mächtig im Wirtshaus neben dem Brunnen
Der Hunger war mächtig in seinen gemästeten Leibern
Der Sturm war mächtig die Wolke und ihre Stadt

Wen davon liebst du?
Den König den Sturm und die Heide
das Kind und die Mutter
die hungergemästeten Leiber
den Brunnen das Wirtshaus den Tanz
die Wolke und ihre Stadt

Gut: du darfst sterben

Bett im Herbst

Götterbett
mit der Decke aus weißer Kälte!
Leicht dich lieben
im Bett
in dem du nicht bist

Mit aufgelesenen Fingern
bedecke ich meine Augen
mit Küssen dich
und rege die Lippen nicht

Unser Einssein
ist im Einsamsein
ist im Einstsein:
verzehrte Zärtlichkeit
knickt Einzig zu Winzig

Im Wetterleuchten
das nicht mehr einschlägt
erschüttert
lautloser Donner das abgeschlagene Herz

Später

Du längst von tausend Worten durchstreifte Nacht
in welche Falten hüllst du der Liebe Rest
daß einst du ihn uns wieder gibst als
freundliches Spiel wenn die Haare grau sind?

Ein Augenblinzeln war dann ein Tränenjahr
ein Achselzucken Grauen der Einsamkeit
so sparsam schreibt das Leben unsre
lange Geschichte mit kurzen Zeichen

In der Liebe

Sie suchen den Krug
und finden ihn in der Liebe
sie suchen den Kelch
und finden ihn in der Liebe

Den Schleier der Augen einhüllt
den Tod der sie aushöhlt
den Sand der sie schläfrig macht
finden sie in der Liebe

Sie suchen den Turm
und finden ihn in der Liebe
sie suchen den Baum
und finden ihn in der Liebe

Den Stein im Bach
den Wahnsinn im nebligen Teich
den greifbaren Bergmond
finden sie in der Liebe

Fiesta de Toros

Angesichts des Todes
der Blumensträuße
weiß und rot
der zugeworfenen Augen
Taschentücher und Küsse
durchschreite ich die Arena
in altertümlicher Tracht
mit sporenklirrendem Schritt

Mit vorgeschriebener Geste
angesichts meiner Gäste
gestatte ich dem Tod
einen Gang
bevor ich ihn töte
lad ich den Tod zum Tanze
zum Strauß
den die Sträuße bedeuten
weiß und rot
ich weiß
warum der Sand rot ist
ich bin gesandt
mich in wüsten Augen
zu spiegeln
im stieren Auge der Menge
in des Stieres menschlichem Blick

Ein Augenblick
und ich weiß
daß ich selbst der Stier bin
aufbrüllend
zu den Frauen in allen Rängen
weiß und rot
ein Hornstoß nach alten Riten

ein armer Schlächter
verrenkten hürnenen Hauptes
fühl ich den Ritterschlag
und weiß
es schreit und wird rot

Wer weiß etwas von Einem

Echod mi jodea

Eins ist die Einsamkeit
Zwei ist der Zweifel
Drei ist das Dreinschlagen oder das Dreinsichfügen
Selig ist wer nicht bis Drei zählen kann:

Eins ist ihm Eintracht
Zwei ein blühender Zweig
Drei die Dreifaltigkeit
das entfaltete Eine

Zählt der Einfall der Einfalt mehr
die Verzweiflung des Zweiflers
oder die Dreistigkeit
die nicht zahlt, sondern zielt?

Die Egel schwimmen im Wasser
im Grund kriechen Engerlinge
und die Engel verschwimmen über der Luft.
Euch aber ekelt, euch Armen, vor allen drei Reichen.

Engel über dem Ekel, reich mir den Arm
gib mir den Mut zur Armut und auch zum Unmut,
zu den Gedanken, die keiner mir danken wird,
denn ihr Besitz erfüllt das Herz mit Entsetzen.

Ich habe mich nachts zu meinen Ängsten gesetzt,
die sind nun meine engsten Freunde geworden.
Die Sorgen sorgen für mich, das Furchtbare wird mir fruchtbar
und der Krieg wird ein Krug, der geht zum Brunnen des Lebens.

Am Brunnen

In Scherben zerbrich den Krug
sonst verblühen zu Asche die Blüten
Oder willst du den kommenden Krieg
als eins deiner Kinder hüten?

Er wird flinker als alle sein
im Laufen und Lernen
Freund deinem ältesten Sohn
den wird er dir entfernen

Du wirst alt sein und blind und dein Zorn
wird den Krieg dann nicht mehr vertreiben
an den Haaren wird er dich zerrn
und wird Lieder singen und bleiben

bei deinen Kindern die stehn
und warten auf deinen Segen
Dann erschlägst du den Sohn mit dem Stein
um dem Krieg deine Hand aufzulegen

Lob des Unglücks

Dem Verarmten
entpreßt du noch großen Reichtum
der kommt aus Gassen
schlüpfrig von seinem Blut
der strömt aus Gossen
zerfressen von seinen Tränen

Die glitschten in seinem Blut
werden dir fluchen
die brannten von seinen Tränen
werden dich schelten
Die ihn lieben wollten
werden dir Unrecht tun

Keiner wird sagen
was du für ihn getan hast
Nichts wissen von deiner Umarmung
die staunen vor deiner Lese:
Wie reich doch
dieser Verarmte noch war!

Man trinkt den Wein
und beweint die gepreßten Trauben
man schätzt sie als Viehfutter
oder macht Essig aus ihnen
Im Keller die Kelter
bleibt einsam und ohne Dank

Nachtlied

Ich lege den Arm um die Nacht
und zieh sie an mich:
zwei Straßenlampen
werden deine Augen
Das Dunkel umher
wird dein lockendes Haar
zwischen Häuserlippen zu dir
holt mich dein Atem

Kühle du!
des Enttäuschten einsame Stadtnacht
laß mich dich einschläfern
auch wenn mein Arm schlaff ist
ich will bei dir liegen
im Grauen der Tage
ich will bei dir stehen
wenn das Haar der Dämmerung weiß wird

Pause

Ich hänge meine Jugend an die ersten grauen Haare
und meine Hoffnung an die Vergangenheit:

Weither gekommen
und nicht weiter gebracht:

Alles an einem Haar
und das Haar wird grau.
Alles an einem Tag
und der Tag wird neblig.

Und in dem Nebel
ist auch mein eigenes Grauen:
Neben mir steh ich
und will meinen Schatten schauen
und bringe die Zeit zu mit Fragen
wieviel mir zukommt.
Komm ich zu mir
oder kommt mir das vor im Nebel?

Bin ich der Nabel des Nebels?
die Mitte der matten Luft?
eine stille Stelle im weißlichen Wind?
Ich weiß nicht

Bin ich noch wert mir die Kinderschuhriemen zu lösen
nach soviel Schritten?
Und hab ich heut wirklich mehr
zu sagen als zu verschweigen
zu lehren als zu erfüllen?

Denn es ist nicht genug
Verzagen zu zeigen

sich zu verlieren
und sich in Klagen zu hüllen.
Auch kluge Klage heilt nicht
und heiligt nicht
sondern behelligt
sondern verdunkelt
und schlingt als weißliche Schlange
die Nebelschnur
von einem Geschlecht zum andern.

Weither gekommen
und nicht weiter gebracht:

Der Tag hängt an einem Spiel
das Spiel hängt vor einem Spiegel
und hängen auch Augen und Herz wer weiß wo
so hängt doch
die Liebe an einem Haar.
Und das Haar wird grau.

Und ohne Liebe
müßte man Augen und Herz
schneiden vom Ast der Zeit
von den Kreuzen finsterer Fenster
abnehmen ohne Segen
und zu den Weißlichen legen
und zu den Zeitlichen legen
da und dort.

Hans im Unglück

Freiheit gab ich für Hoffnung
Hoffnung gab ich für Einsicht
Einsicht gab ich für Ruhe
Ruhe für Pflicht

Pflicht gab ich für Liebe
Liebe gab ich für Freiheit
Kürzer ist schon der Atem
länger der Weg

Die letzte Hand

> Wenn die Knaben beim Spiel das letzte,
> was sie haben, einsetzen, singen sie:
> Die letzte Hand klopft an die Wand,
> Die wird mich nicht verlassen.
> (Des Knaben Wunderhorn, letztes Blatt)

1
Was soll ich verlieren?
Alles
Was soll ich gewinnen?
Nichts

Wer hat davon Nutzen?
Niemand
Wer hat davon Schaden?
Beide

Worauf soll ich hoffen?
Auf nichts
Wie soll es enden?
Wie alles

Warum soll das sein?
Keine Antwort
Wie kämpf ich dagegen?
Versuch es

2
Ein Kinderspiel:
Ich suche die gute Miene

Ich finde sie nicht
(ich müßte sie selber machen)

Das Spiel wird böse
die Einsätze werden höher

Sie sind verfallen
sie müssen verdoppelt werden

Den Kopf hab ich eingesetzt
und den Kopf verloren

Das Herz hab ich eingesetzt
und das Herz verloren

Meine Arbeit
eingesetzt und verloren

Meine Arbeit
eingesetzt und verloren

Und Zeit und Müh
und umsonst auf den Tisch geschlagen

3
Von den klimpernden Tischen
mit immer leereren Taschen

an die Wand gedrängt steh ich
fast schon mit leeren Händen

Und halt doch in einer Hand
mein Glück und Unglück:

Eine alte attische Münze
auf beiden Seiten verwischt

Die andere Hand ist frei:
schon ausgeschlagen als Einsatz

Auf Holz klopfen hat nicht genützt
so klopf ich auf Stein

So bleibt mir nur
der Handschlag der spielenden Knaben

Mit der freien Hand an die Wand
an die der verlorene Kopf schlug:

Die letzte Hand klopft an die Wand
die wird mich nicht verlassen!

4
Die letzte Hoffnung
ausgesetzt an die Wand
als wäre sie ein Kind
in den Bergen der strengen Sparta

Als wäre die Liebe
der Aussatz des strengen Lebens
als müßte das Herz
aussetzen mitten im Schlag

5
Hand
Hand an der Wand!
liebende Hand
was dich forttreibt
bricht schon zusammen!
Lebende Hand
die das Wort schreibt
gegen die Flammen:

Hand
Hand an der Wand!
klopf
wie dein Herz
ein Gebet

daß in der Halle Brand
kein brennender Kopf
im Schmerz
und kein liebes Leben vergeht

Hand
Hand an der Wand!
ist dir auch alles genommen:
balle dich nicht zur Faust
nicht dazu bist du gekommen!
Was sich nicht streicheln ließ
darfst du nicht hassen:
Die Wand
an die es dich stieß
wird dich nicht verlassen

6
Komm, Hand!
schreibe im Traum:
Wählen
Lieben
und Heilen

Dem Zorn
bleibe kein Raum
zu zählen
zu wiegen
zu teilen

Heile Hand
an der Wand
in der Halle der Irrung
greife vor
der heiligen Hand
die sonst eingreift
in diese Verwirrung

Hand
klopf an die Wand

denn die Nacht
ist schon spät
Im heiligen Kelch
wird Verstand kredenzt
und nicht das Gebet

Hand
klopf an die Wand!
Kein Kain schlägt dich zum Abel
ist auch Luna
die Laune der Pallas
Athen wird im Mondfrost zu Babel

Hand
klopf an die Wand!
Dein Einsatz
steht gegen den Tod
setze dein Wort
das der drohenden Flammenschrift
droht

Zähle nicht
wiege nicht
teile nicht
sondern binde

Quäle nicht
siege nicht
such dich nicht mehr
sondern finde

Finde den Ort
der sonst hell
das Dunkel der Halle rötet
Finde das Wort
das als Quell
das Aufglimmen der Flammenschrift
tötet

daß das zerrissene Reich
nicht verdorrt
in der Halle Brand:

Hand
schreib das Wort!
Bleib im Wort!
Letzte Hand
klopf an die Wand!

7
Ich bin nicht arm
wenn ich nichts als das Wort mehr habe
das alles ist

das Wort
in dem manchmal die Hoffnung
das Wissen trifft
und beide das Bild betrachten

in dem wir sind
und das dennoch durch uns hindurchgeht:
Und es zerbricht uns nicht
und zerbricht nicht an uns

8
Weil aber das Wort mir zu leicht war
muß es mir schwer werden
Weil aber das Wort mir ein Spiel war
muß es mein Ernst werden

Das Spiel ist das Spiel
in dem es um Herz und Kopf geht
Es wirft mich als Münze
von einer Seite zur andern:

Kopf oder Herz:
Athenes Eule und Ölblatt

Aus gespaltenem Kopf
fliegt die Eule hinauf in den Himmel

Ihr Flügelschlag schlägt sie nicht höher
als mich mein Herzschlag
Der Ölbaum wächst aus dem Stein
und glättet die Flut

9
Dem Kopf Entsprungene
entspringe dem Herzen nicht

Folgst du des einen Rat
so verrätst du das andre

Der gespaltene Kopf
rät dir: »Zerspalte das Herz auch!«

Hör nur mit einem Ohr zu
mit dem anderen höre das Herz

Wenn es kopflos lallt
gib ihm gute Gedanken

Wenn der Kopf herzlos rast
laß ihn rasten an einem Herzen

Schone dich: geh
zwischen beiden den heimlichen Weg

10
Daß du dem Kopf nicht das Herz abschlägst
denn sonst schlägst du
dem Herzen den Kopf ab
und der herzlose Kopf
rollt auf dem rechten Weg
und hat recht und hat recht und hat recht
und nach der linken Seite

hüpft das kopflose Herz
linkisch davon

Wenn Kopf und Herz
eines das andere abschlägt
schlägt der gleiche Schlag
die Stunde der großen Trennung
und das Herz herzt nur mehr sich selbst
und der Kopf köpft sich selbst nur
in undankbaren Gedanken
und unerfüllten Gefühlen

11
Der Scheideweg scheidet
nur nach der einen Seite:
Welchen Weg ich auch gehe
ich bin geschieden
ich darf keinen Bogen schlagen
und keine Umkehr versuchen
und muß weitergehen
um eines Zieles willen
das nicht liegt auf dem einen
und nicht auf dem anderen Wege
nicht erreichbar in Tagesmärschen
und auch nicht in Parasangen

Sondern nur wenn die einzige Richtung
im Nebel vergeht
im Dunkel der flackernden Kerze
im Licht eines Blitzes bei Nacht
und ich nicht selbst mich umwende
sondern vom Donner gewendet
weitergeh
und zuletzt an den Weg der Vereinung komme
wo der Scheideweg mündet
in seinen eigenen Anfang

finde ich nicht was ich suchte
sondern was mich gesucht hat

nicht was ich hoffte
sondern was mich gehofft hat

Und das Erhoffte
kommt aus dem Unverhofften
und mein einziger fester Grund
aus dem Grundlosen: unergründlich
und das Glück aus dem Unglück
die Erfüllung aus dieser Leere
der Heide bei Nacht im Sturm
die mich zum König gekrönt hat
mit flackerndem flatterndem Haar
mit dem Sinn aus dem Irrsinn

12

Wenn der Starrsinn
den Sinn sucht
findet er erst den Unsinn
dann den Irrsinn
und zuletzt das Entsinnen

Wenn der Kopf
an die Wand schlägt
findet er erst den Schmerz
dann die Betäubung
und dann den Halt für die Hand

Die hat nach dem Kopf getastet
und nach dem Herzen
und klopft zuletzt an die Wand
die steht und verläßt sie nicht

Mutter in Vietnam

Am 21. Jahrestag von Hiroshima, als in Washington die Hochzeit Luci Johnsons, der Tochter des Präsidenten, stattfand, wurden in Cam Lo, nördlich von Haiphong, 19 Kinder von unter 14 Jahren begraben, die am 2. und 3. August 1966 von amerikanischen Fliegern getötet worden waren: Amerikanische Flieger hatten kurz zuvor drei Millionen Flugblätter mit dem Schädel eines Nord-Vietnamesen abgeworfen.

1
Meine Schwester im Süden
hält Zitronen an ihre Augen
gegen das Tränengas
aus Kys Kanistern

Meine Tränen
hat keine Zitrone gestillt
sie stocken nur wie dein Blut stockt
und nichts mehr brennt

Der Sommer ist kalt geworden
wie in den nordwestlichen Bergen
Ich stehe und friere
und kratze an einem Sargbrett

2
Ich denke
und denke an nichts

und alles in mir
denkt an alles

an einundzwanzig Jahre
voll Krieg seit der großen Bombe

an meine Angst um dich
wegen der großen Bombe

und an die kleine Bombe
Für dich war sie groß genug

3
Du fällst mir
aus meinem Kopf
wie dein Kopf fiel
aus meinen Händen

und alles fällt mir ein
Lieder Zeitungen Stimmen
Stimmen von einer Hochzeit
und von einem Tod

und von zwei Toden
und von drei Toden vier Toden fünf Toden
ein Knäuel Schlangen
Stimmen von Tod und Tod

vom Tod deines Vaters
nicht lange nach unserer Hochzeit
aber auch von der Hochzeit im Haus
des Brautvaters der den Tod bringt

Er brachte den Tod für dich
und für deinen Vater
und erzeugt und verpackt und versendet
den Tod für die halbe Welt

4
Die halbe Welt
fällt mir ein

die Zeitungen und die Stimmen
im Lautsprecher und die Berichte
von Flugblättern
und von dem Mönch

Die Flugblätter
nichts als Schädel
ihre Worte
nicht Worte von Menschen
Der Mönch im Süden unten
ein Mönch in einer Pagode

der schnitt sich
die Adern auf
um zu schreiben
mit seinem Blut
den Scheidebrief
an den Brautvater unseres Todes

Er hätte sich
seine Adern
nicht aufschneiden müssen
sondern schreiben
mit deinem Blut
bevor es erstarrt war

5
Dich schreckt kein Flugzeug
dich brennt kein klebriges Napalm:
Die dir den Frieden nahmen
die brachten dir Frieden

Als die Bombe von Hiroshima
nach der Sitte ihrer Erzeuger
volljährig wurde
schickte sie dir ein Geschenk

nicht eine von ihren Schwestern
um dir Gesellschaft zu leisten

nur eine arme Verwandte
ein pfeifendes Feuerspielzeug

aber genug für dich
genug für vier andere Kinder
aus deiner Schule
und vielleicht auch genug für mich

6
Hiroshima
ist volljährig geworden
Einundzwanzig Jahre:
da wird der Atomkrieg
mannbar

sich auf die Welt zu legen
zur feurigen Hochzeitsnacht
auch ohne ein Blatt Papier
von denen
die ihn erzeugten

7
Am Geburtstag der Bombe
wurde ein Fest gefeiert
mit siebenhundert Gästen
im Weißen Hause

Der Präsident
verheiratete seine Tochter
in der Kirche
zur Unbefleckten Empfängnis

und seine Flieger
warfen uns drei Millionen
Papierblätter ab
mit Worten und mit einem Bild

8

Blätter mit einem Foto
vielleicht zum Ersatz
für unsere grünen Blätter
die das Fliegergift frißt von den Bäumen

daß sie stehen und frieren
als wären die fremden Flieger
Wolken von Würmern
die Felder fressen und Laub

Drum ist das Foto
auf ihren raschelnden Blättern
ein Totenschädel
zum Andenken an das Leben

9

Der Schädel
war einer von uns
So wirst auch du jetzt
nur kleiner

Die Worte ermahnen uns
keinen Fuß mehr zu setzen
über den 17. Breitengrad
nach dem Süden

Sonst soll es uns allen
ergehen
wie dir
und dem Schädel

10

Die auf uns Flugblätter warfen
werfen auch Napalm
und Bomben
Die überfliegen täglich
den 17. Breitengrad

Die sind gekommen
vom anderen Ende der Welt
um zu töten Bäume und Felder
und Männer und Frauen
und dich

11
Sie sind gekommen
zur Feier der großen Hochzeit
und zur Geburtstagsfeier
der großen Bombe

Sie sind gekommen
ein Feuerwerk zu entzünden
aus unseren Häusern und Kindern
zum doppelten Fest

12
Am Geburtstag der Bombe
sagte Außenminister Dean Rusk:
»Die Invasion des Nordens
kommt fortan
in Frage

Gegebenenfalls
werden amerikanische Truppen
den 17. Breitengrad
überschreiten
auf ihrem Vormarsch«

13
Dich mein Kind
werden sie nicht mehr bedrohen
Kein Flugzeug wird dich erschrecken
kein Napalm dich brennen

Und auch mir
können sie nichts mehr tun
seit sie mich leben ließen
um zu frieren vor deinem Sarg

14
Ich will an nichts mehr denken
nur an dich und an dich
und an dich
aber ich kann nicht:
Die ganze Welt fällt mir ein

Die ganze Welt
das warst du
seit dein Vater gefallen war
Die ganze Welt ist gefallen
wie deine Schule

15
Meine ganze Welt
ohne dich
ist ein Sarg
der mich trennt von dir

ein großer Sarg
zu schwer um ihn fortzutragen
und kalt genug hier im Sommer
daß er lange so bleiben kann

Ich kratze umsonst
an den frischen Brettern des Deckels
du hörst mich nicht
du machst ihn für mich nicht auf

Die ganze Welt ist mein Sarg
von dem du jetzt fortgehst
Der Deckel der mich von dir trennt
trennt mich vom Leben

16
In diesem Sarg
wollen sie mich begraben
und die anderen Mütter
und Männer Frauen
und Kinder

Ihre Grabmusik
war Düsenmotorengekreisch
das Pfeifen der Bomben
das Prasseln
der brennenden Schule

Im Sarg geh ich hin und her
wie ein Tschitah in seinem Käfig
und kann nicht mehr trennen im Dunkeln
mein Denken
von meinem Haß

17
Sie wollen
aus unserem Land
einen einzigen Sarg
für uns machen
und eine Leichenrede
halten auf uns

wie auf den Schädel
den Würmer fraßen
bevor sie
ihre Rede
mit seinem Bild
dreimillionenfach auf uns warfen

18
Ihr Würmer
daß ihr unsre Lieder
im Hals uns erwürgt habt

deine Kinderlieder
und Lieder von Sommer und Liebe

vom schaukelnden Sampan
nach der Hochzeitsfeier am Fluß
vom Obst in der Liebenden Mund
vom Reisfeld grün in der Sonne

Lieder vom weißen Glanz
der nordwestlichen Berge
und vom Strom der uns Wasser
und fruchtbare Erde bringt

Daß ihr uns treibt
in die Dürre des Hassenmüssens
daß ihr uns immer noch zwingt
zu Liedern vom Krieg

daß ihr gekrochen seid
wachsend zu giftigen Schlangen
durch die Umfriedung
der Gesetze und festen Verträge

daß ihr euch aufbläht
und züngelt und zeigt eure Zähne
wie die Kobra
die in die Schule
gekrochen kam vor dem Monsun

19
Im Unglück der Liebe
irren der Witwe Gedanken
immer im Kreis herum
auf der Suche
nach einem Wort

als wäre es wirklich
nur ein einziges Wort
das ihr fehlt

um Hilflosigkeit in Hilfe
um Unglück in Glück zu verwandeln

daß die Welt wieder gut ist:
daß ihr Mann zurückkommt und hält sie
und sitzt mit ihr unter dem Banyan
am Fluß
im Frieden des Abends

und über das Feld her
hören sie Kinder singen
Lieder
wie du sie gesungen hast
bis vor drei Tagen

20

So irren jetzt meine Gedanken
im Unglück des Hassenmüssens
immer im Kreis herum
und suchen
das Wort

das unseren
riesigen Sarg
wieder zur offenen Welt macht
friedlich voll Reis und voll Obst
und ohne die Würmer

und zugleich auch das Wort
das die Würmer warnt
daß kein Platz ist
für sie und für uns
selbst im Dunkel unseres Sarges

das Wort das Augen reißt
in die Köpfe
der blinden Würmer
die gekommen sind über das Meer
um unsere Augen zu fressen

21
Sie kommen mit Fadenkreuzen
mit Feldstechern
dunklen Brillen
stierend ohne zu sehen
zielend ohne zu schauen

blinder als du im Tod bist
blickloser als ihre Opfer
glotzend auf unsere Krüppel
und toten Kinder

ihre Pupillen nur Mäuler
zu saugen das Licht unsrer Tage
hungrig nach unseren Mädchen
als Andenken an unser Land

Sie senken nicht die Augen
Sie zucken mit keiner Wimper
Kein Augenblick
kein Lichtblick
der sich erkennt

22
Seht was ihr seid:
Im Spiegel gefrorener Tränen
im Spiegel gestockten Blutes
im Spiegel verseuchten Wassers

im Licht eurer Leuchtraketen
im Schein eurer Brände
Landbrenner Kinderschlächter
seht wie euch andere sehen

Im Spiegel aus Todesschweiß
unsrer gefolterten Männer
im Spiegel der Augen
von Müttern die ihre Kinder

sterben sahen an Napalm
und schreien hörten aus Trümmern:
Ihr die vor nichts zurückschreckt
schreckt vor euch selber zurück!

Zurück ihr Würger
sonst seid ihr bald selber Erwürgte
Seht euren Hals an
und seht euren Kopf schon als Schädel

Seht euch im Spiegel:
zuerst verfaulen die Augen
Seht eure Schädel
solang ihr noch Augen habt

23
Was unser Leiden nicht zeigt
das zeigt unser Tun euch
Was eure Untat nicht kann
das können
unsere Taten
Ihr könnt nichts Ärgeres tun
als was ihr uns schon getan habt:
Zurück
Wir schlagen zurück
vom anderen Ufer der Angst

Jede Kugel von uns
beißt ein Auge
in eure Blindheit:
Eure Schmerzen sehen nach innen
und euer Blut sieht die Welt
im Ebenbild der Schmerzen
die ihr uns brachtet
in der schreienden Farbe
unsres Blutes
das ihr vergießt

Zurück eure Zungen
in eure blutigen Zähne
Zurück eure Zähne
in den Würmerschlund
eurer Leiber

Zurück eure Leiber
in den Schlagerlärm
eurer Transporte
Zurück die Transporte
in euer friedloses Land

24
»Seht was ihr seid«
ist das Wort das die Hochzeitsgäste
aus dem Weißen Haus
um den Sarg meines Kindes versammelt

das euer Weißes Haus
verfärbt und verwandelt
ins schwarze Steinbild
meines verbrannten Kindes

das den Brautvater dort aus dem Haus
in den Wurm verwandelt
der er wirklich ist
denn er frißt unsre toten Kinder

25
Nein.
Ich bin ungerecht
vor Haß und Trauer
und ich verleumde
harmlose Lebewesen
denn die Würmer
fressen nur die
die tot sind
sie töten nicht Kinder
wie euer Präsident

Nachwort zur Erstausgabe von 1958

Dies ist eine Auswahl aus vielen Gedichten, die ich 1946 bis 1957 in London geschrieben habe, wo ich 1938 mit 17 Jahren ankam.

Ich weiß mich nicht nur von der modernen englischen Lyrik und einzelnen älteren englischen Dichtern beeinflußt, sondern vor allem von der Art und Weise, wie man in England – in jedem Land anders – mit Gedanken und Gefühlen umgeht, wie man sie gestaltet oder verschweigt, gegen sie oder mit ihnen lebt.

Ich hatte das Glück, in eine Zivilisation verschlagen zu werden, die den Fremden kaum heimisch werden läßt. So blieb mir meine Sprache erhalten, bereichert und zugleich bedroht und fruchtbar in Frage gestellt durch die Möglichkeit des Abstandes vom Gebrauch und Mißbrauch des Alltags, bereichert ferner dadurch, daß ich in London zu avantgardistischer und experimenteller Literatur, besonders auch zu Werken des deutschen Expressionismus, freieren Zugang hatte, als ein junger Leser in meiner Heimat ihn in jenen Jahren gefunden hätte. Zudem ist das Englische dem Deutschen gerade nahe und fern genug, seine literarischen Bewegungen und Versuche sind uns gerade fremd und verwandt genug, um nicht nur zu Manieren anzuregen, sondern uns Möglichkeiten zur Erweiterung des Sagbaren zu geben. Hätte ich mehr Talent oder Willen zur Assimilation an eine andere Kultur, so schriebe ich vielleicht »englische Gedichte in deutscher Sprache«, ja vielleicht sogar in englischer Sprache; aber dort, wo in einem Menschen Dichtung entsteht, ist er nur sehr selten anpassungsfähig oder anpassungswillig.

So sind diese Gedichte nicht »englische Lyrik in deutscher Sprache«, sondern ein Teil jener zweiten Generation deutscher Lyrik auf englischem Boden, die in Deutschland noch so gut wie unbekannt ist. Die erste Generation emigrierter Dichter und Schriftsteller sprach oft vom Einfluß der Kultur ihres Gastlandes, doch war ein solcher Einfluß in ihren Werken selbst kaum zu merken oder doch nur in der Thematik: Emigration, Fremde, Unrecht, Zeitgeschehen. Die zweite Generation wuchs in der anderssprachigen Umgebung heran und wendete sich trotz aller Zeitverbundenheit wieder den

längerwährenden Grundthemen der Dichtung zu. Aber je weniger sie sich in ihrer Aussage von ihrer Heimat zu distanzieren versuchte, desto mehr neue Elemente drangen verführend oder bereichernd in ihre Arbeiten. Dabei können sich deutsche Gedichte nur an Menschen deutscher Muttersprache wenden; jede Veröffentlichung ist ein Versuch, Rilkes unwiderlegbares Wort zu überwinden, daß einer, der fortgeht, nicht mehr nach Hause kommt. Überwinden aber kann man nur kraft dessen, was man geworden ist, was man ist. Im übrigen reichen soziologische Erklärungen nicht aus, um einen Dichter oder auch nur eine einzige Zeile eines einzigen Gedichtes ganz zu erklären.
Weil ich in den letzten Jahren in Deutschland als Übersetzer des walisischen Dichters Dylan Thomas bekannt wurde, hat man Ungewohntes in meinen Gedichten gelegentlich seinem Einfluß zugeschrieben. In Wirklichkeit aber haben mich schon vorhandene Ähnlichkeiten der Auffassung, gemeinsame Einflüsse und Interessen (z. B. Bewunderung für Hopkins, Joyce, Owen, Cummings) zu ihm hingezogen. Erst drei Jahre vor seinem Tod begann ich, einige seiner Arbeiten zu übersetzen.

Erich Fried, London 1958

Erklärung zur erweiterten Neuauflage von 1968

Der Gedanke, Gegengedichte zu meinen eigenen Versen zu schreiben, kam mir, als mein vergriffener (1958 bei Claassen in Hamburg erschienener) Band GEDICHTE neu aufgelegt werden sollte. Dieser Band enthielt eine Auswahl aus den Gedichten, die ich 1946 bis 1957 geschrieben hatte.
Beim Wiederlesen wurde mir klar, wie sehr ich mich seither geändert habe, aber auch, daß ich nicht nur deshalb und nicht nur aus ästhetischen Gründen anders schreibe, sondern mehr noch, weil die Zeit, die sich auch in Gedichten spiegelt, nicht mehr dieselbe ist.
Als ich die alten Gedichte schrieb, war in der Sowjetunion Stalin noch am Leben oder wurde noch verehrt. Auch die Kämpfe und Unruhen in Vietnam waren damals noch nicht der Krieg, der sie heute sind. Den damaligen Zuständen ent-

sprachen andere Stimmungen. Die Zeit seither zwang zu neuen Gedanken, zu neuem Formulieren.
Es liegt mir aber nicht, alte Gedichte zensierend zurechtzuschreiben oder zu unterdrücken. Der englische Dichter Auden, der auf diese Weise frühere Arbeiten verleugnen will – bei ihm die antifaschistischen Gedichte seiner besten Zeit –, war mir eine Warnung, derlei auch nicht mit umgekehrtem Vorzeichen zu versuchen. So habe ich auch keines der »versponnenen« oder »unengagierten« Gedichte des alten Bändchens unterschlagen. Aber dort, wo ich jetzt beim Wiederlesen fand, daß ich eine Aussage durch ein anderes Gedicht ergänzen, erweitern, vertiefen oder einem einseitigen Gedicht durch ein Gegengedicht widersprechen könnte, habe ich – wo mir etwas dazu einfiel – diese Gegengedichte geschrieben. Sie sind mitbestimmt von Form und Inhalt der Gedichte, an die sie anknüpfen, manchmal gar nicht unabhängige Gedichte, nur Postskripte, aber doch Zeichen einer Befreiung von jener Flucht und Hoffnungslosigkeit, die in vielen der alten Verse den Ton angab, so daß sogar Auflehnung und Protest oft fast bis zur Unkenntlichkeit verschlüsselt waren. Daher der neue Name des so erweiterten Bandes: *Befreiung von der Flucht – Gedichte und Gegengedichte*. Daß so Entwicklungen erkennbar werden, scheint mir wichtiger als die Wahrung einer überholten Einheitlichkeit. Die Gegengedichte sind durch ein Quadrat vor dem Titel kenntlich gemacht.* Der Vierzeiler SPRUCH (als Gegengedicht nach IM HOFE DER HOFFNUNG) ist meinem Prosaband *Ein Soldat und ein Mädchen* (Claassen 1960) entnommen. Das alte Bändchen endete mit einem Zyklus DIE LETZTE HAND, der mittlerweile in meinem Band zyklischer Gedichte REICH DER STEINE (Claassen 1963) erschienen ist. An seine Stelle tritt hier ein 1966 entstandener und 1967 umgeschriebener, noch unveröffentlichter Zyklus MUTTER IN VIETNAM.** Der neue Zyklus entlehnt sein Motto einem englischen Zeitungsbericht, der das furchtbare Ineinander der Ereignisse zeigt. Der alte Zyklus trug ein Motto aus DES KNABEN WUNDERHORN. Dort stand auf der letzten Seite: »Wenn die Knaben beim Spiel das letzte, was sie haben, einsetzen, singen sie:

* In der vorliegenden Ausgabe sind die Gegengedichte in Kursivschrift abgesetzt.
** Der Zyklus DIE LETZTE HAND wurde in die vorliegende Ausgabe wieder aufgenommen.

Die letzte Hand klopft an die Wand,
Die wird mich nicht verlassen.«

Wenn wir das letzte, was wir haben, einsetzen, dürfen wir das vielleicht auch noch hoffen.

Erich Fried, London 1968

Nachwort zur erweiterten Neuauflage von 1983

Diese Neuauflage ist gewissermaßen eine Synthese aus dem ursprünglichen Band *Gedichte* (1958) und der erweiterten Neuauflage *Befreiung von der Flucht* (1968). Der Zyklus DIE LETZTE HAND, der in der Ausgabe von 1968 weggelassen war, ist wieder aufgenommen, der Zyklus MUTTER IN VIETNAM ebenso wie die Gegengedichte zu einigen der 1958 veröffentlichten Gedichte sind beibehalten.
Zum Zyklus MUTTER IN VIETNAM möchte ich sagen, daß ich meine Meinung über Amerikas Vietnamkrieg nicht geändert habe, daß aber dieser Zyklus *vor* der Veröffentlichung der sogenannten »Pentagon Papers« entstanden ist, so daß ich – dem damaligen Informationsstand entsprechend – die Schuld Kennedys etwas zu niedrig und dementsprechend die Schuld Lyndon B. Johnsons an diesem Krieg zu hoch eingeschätzt habe.
Zu den Gedichten – und Gegengedichten – ebenso wie zum Zyklus DIE LETZTE HAND stehe ich nach wie vor.
Diese Ausgabe enthält auch das ursprüngliche Nachwort zur Erstausgabe von 1958, ohne das meine Bemerkungen zur erweiterten Neuauflage von 1968 eigentlich nicht ganz verständlich waren.
Eines noch: Die Gegengedichte hatten nicht, wie einige Leser meinten, die Absicht, die Gedichte, an die sie anknüpften, zu widerlegen oder zurückzunehmen, sondern wollten nur andere, zum Teil antithetische Aspekte aufzeigen, an deren Artikulierung mir lag.

Erich Fried, London 1982

Erich Fried

Reich der Steine

Zyklische Gedichte

152 Seiten, gebunden

Erich Frieds »Reich der Steine« enthält sechzehn Zyklen, die zwischen 1947 und 1963 entstanden sind. Für diese Gedichte ist der Zyklus eine typische Form, weil er mehr ist als eine Aneinanderreihung ähnlicher Gedichte. Alles kreist um das gleiche Thema, um einen ungenannten, doch stets im Auge behaltenen Mittelpunkt.

Frieds Phantasie wird nicht durch Bilder, sondern durch einfache Wörter und Redewendungen in Gang gesetzt. Und fast immer stellt sich ihm zu dem einen Wort ein komplementäres oder polares anderes ein. Frieds Grunderfahrung der Welt ist durchweg dualistisch, sie kumuliert in dem Sinnzeichen allen heillosen Zwiespalts: Kopf und Herz. Ein alter Zwiespalt, aber so bewußt wurde er selten formuliert.